What is

Asshole

The Vulgar and Delightful Adult Coloring Book

By

S.B. Nozaz

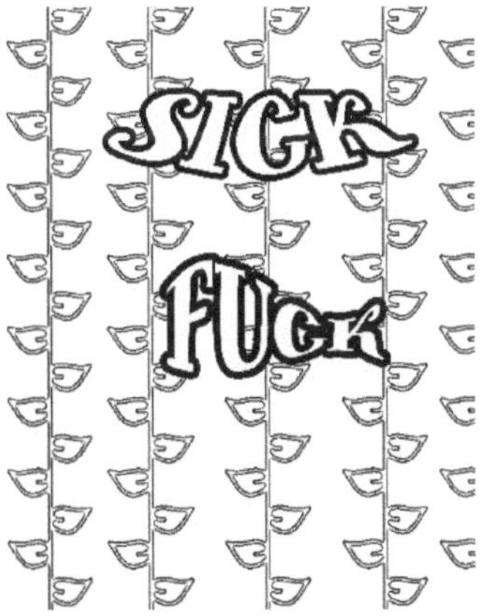

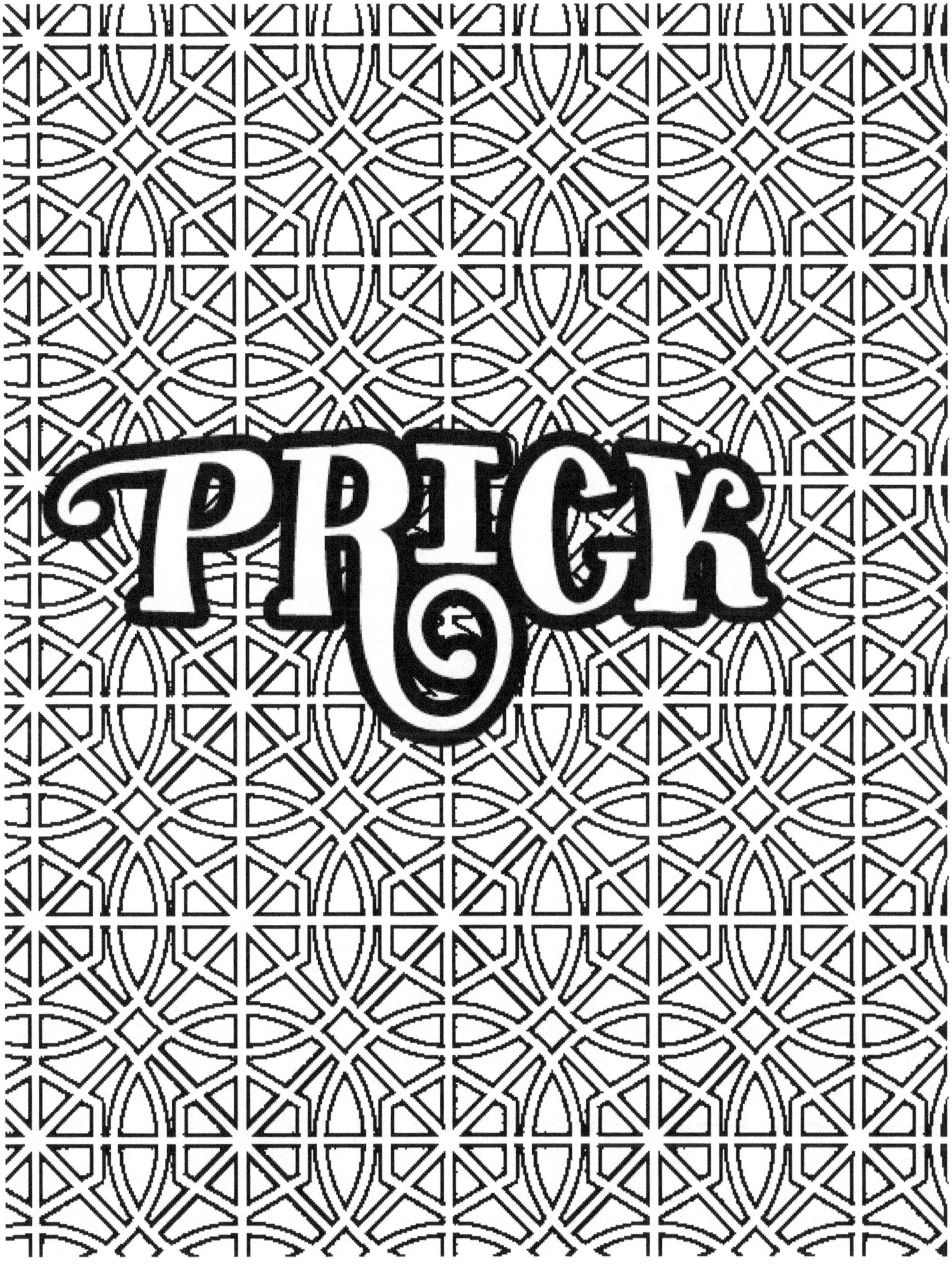
PRICK

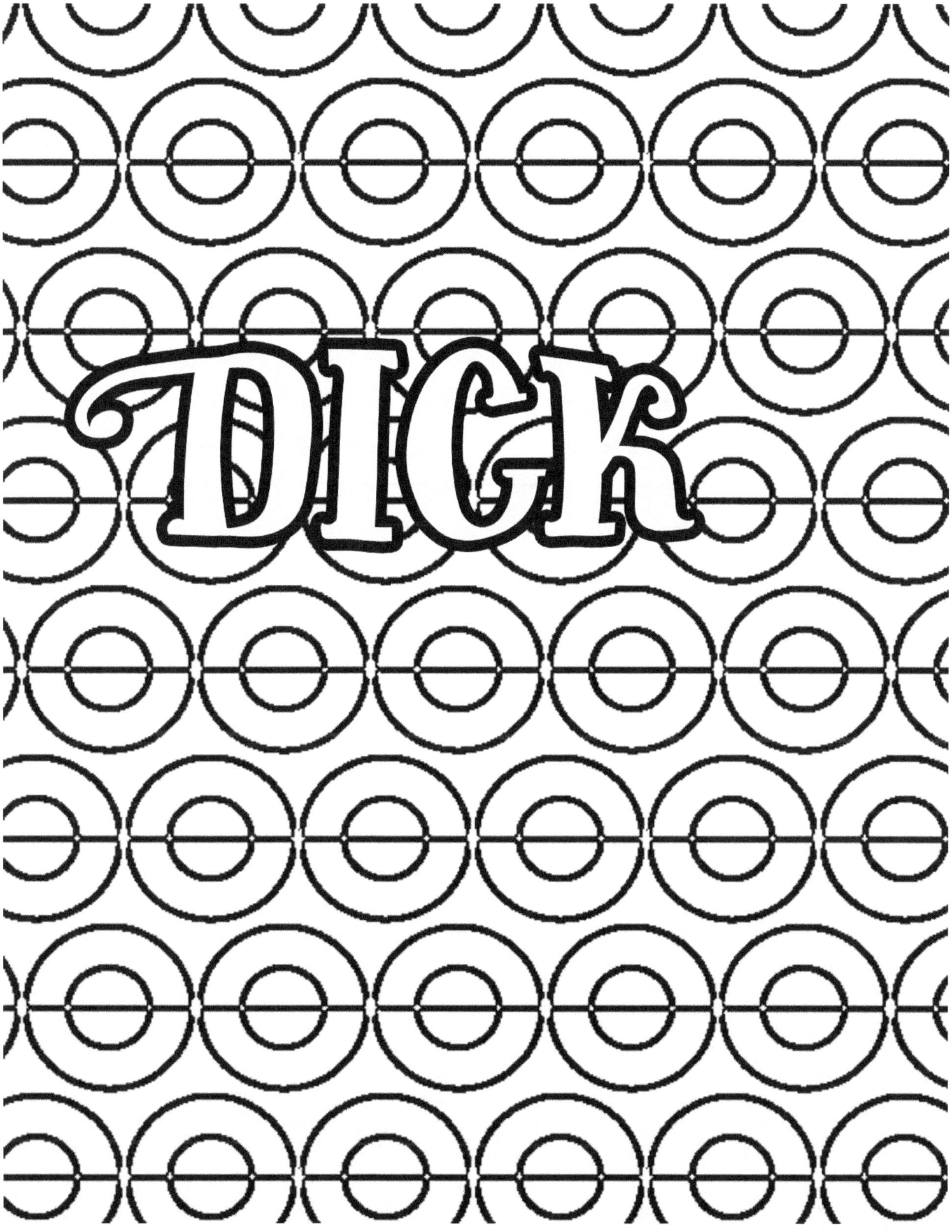
DICK

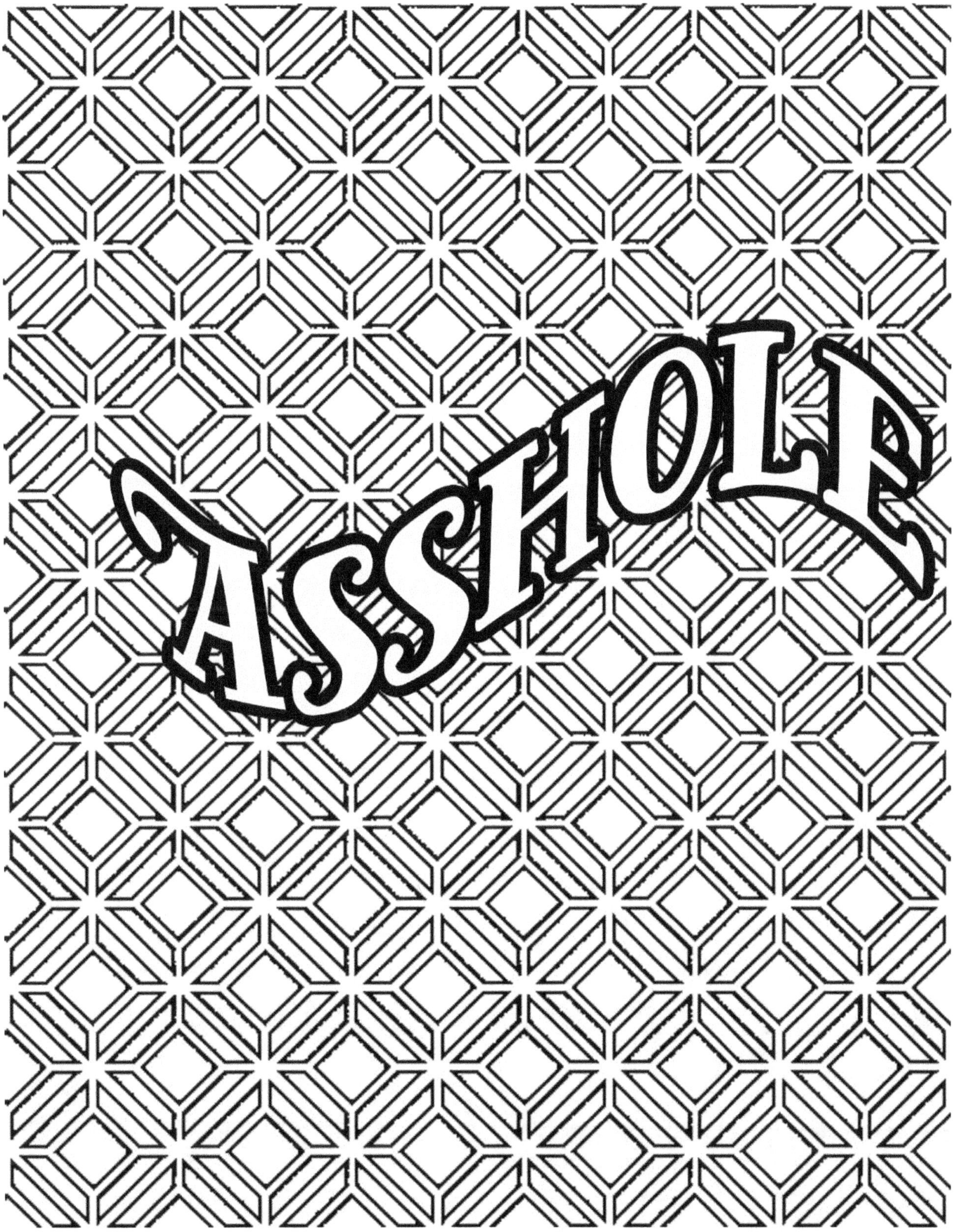
ASSHOLE

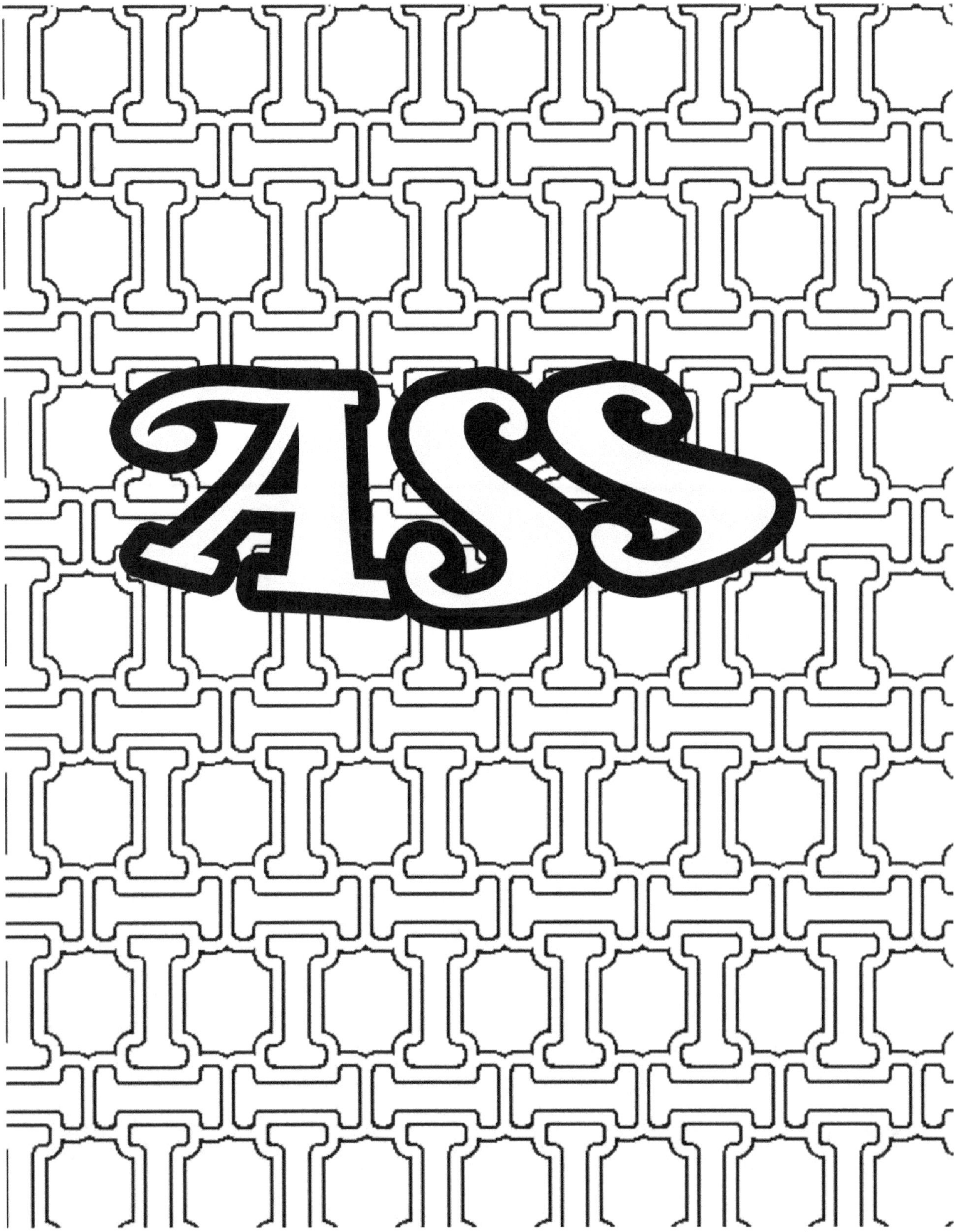
ASS

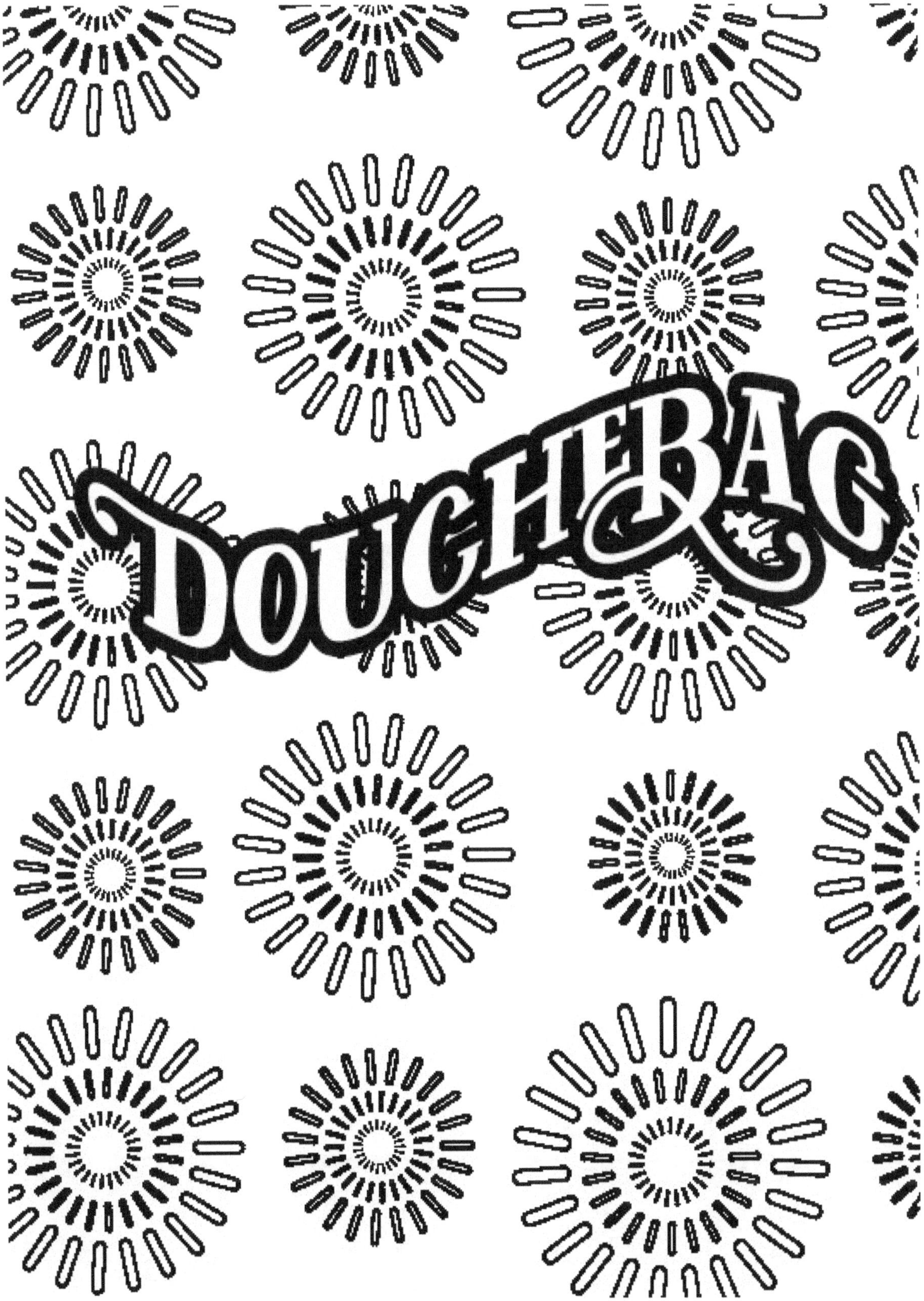
DOUCHEBAG

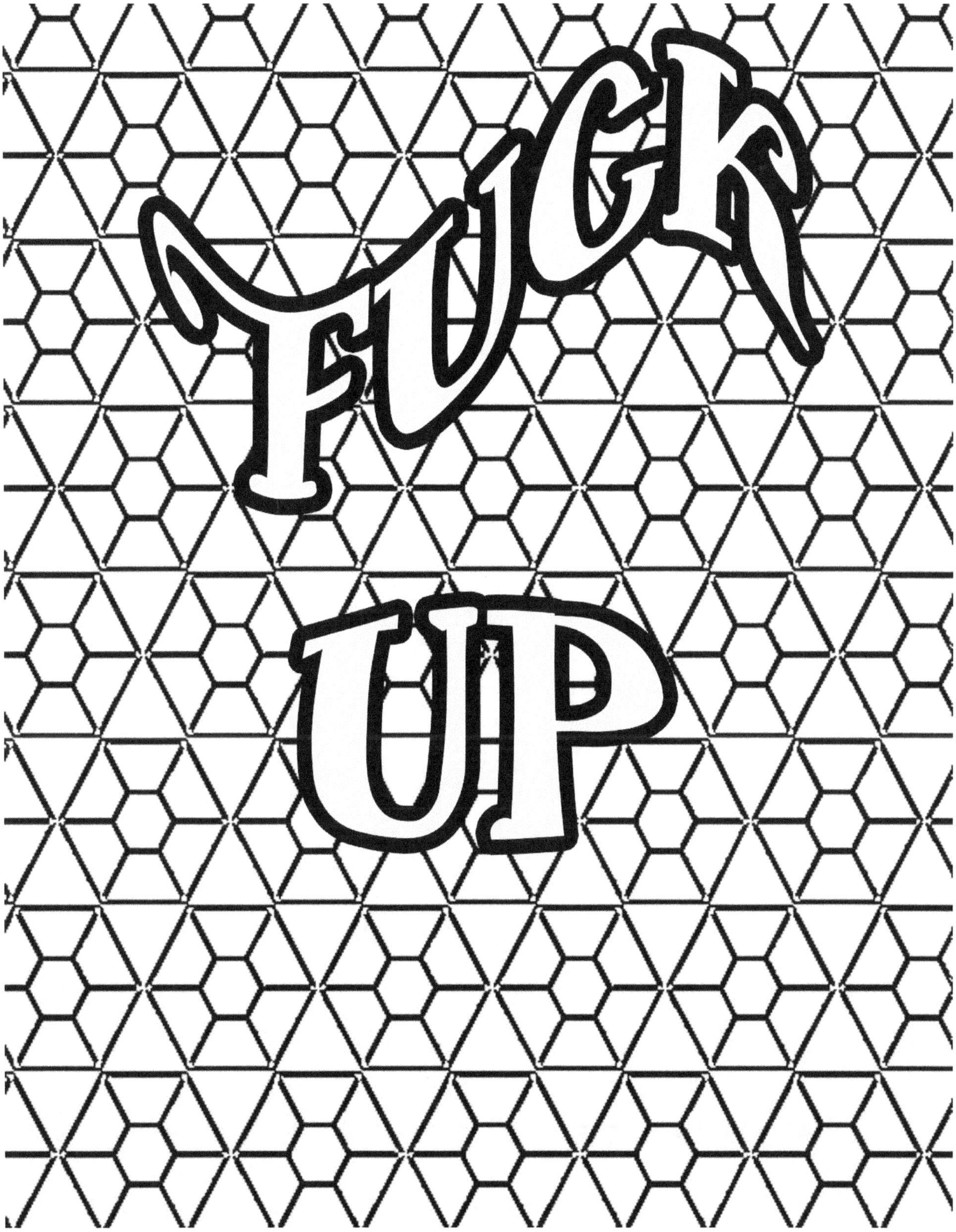
FUCK
UP

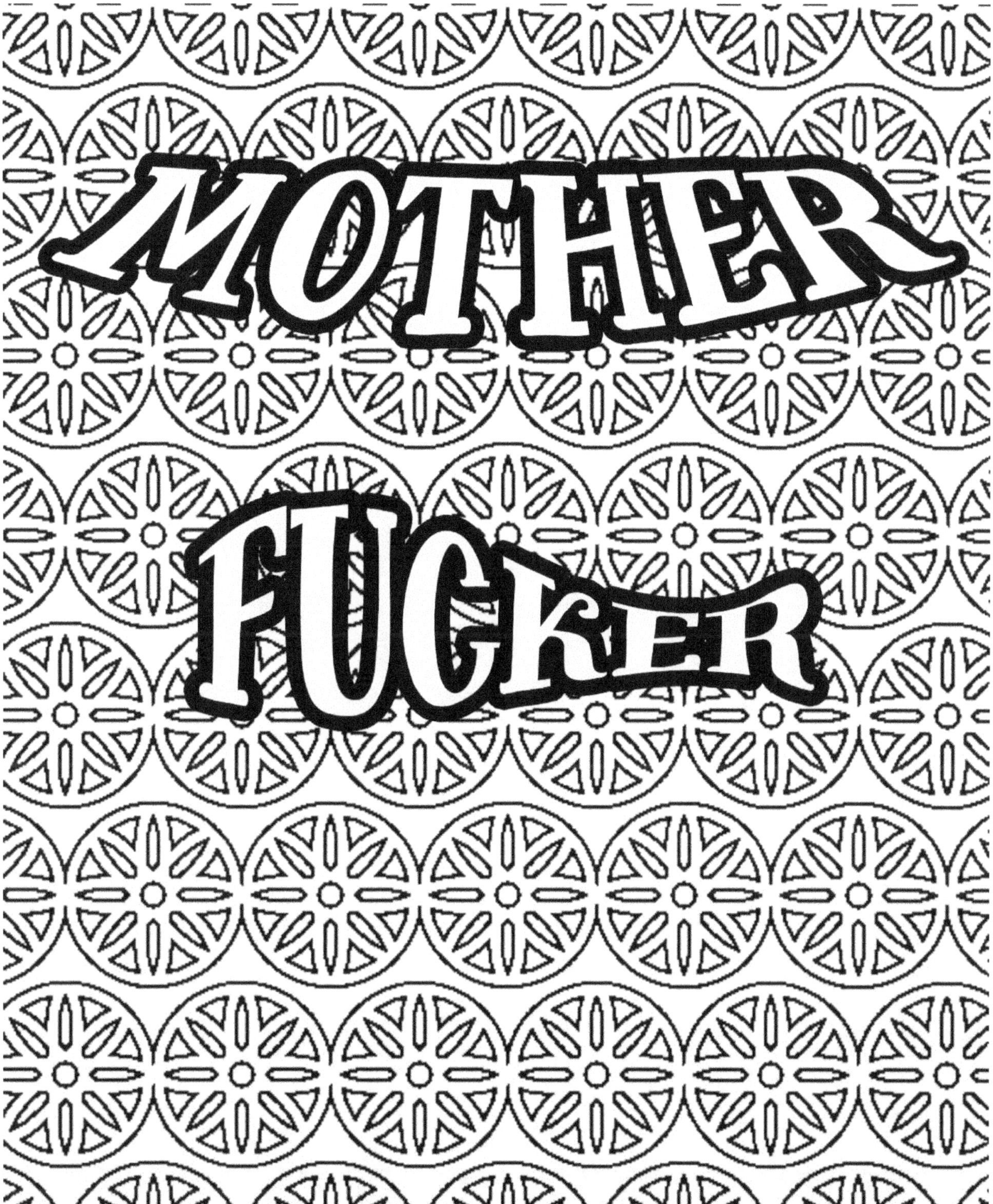
MOTHER
FUCKER

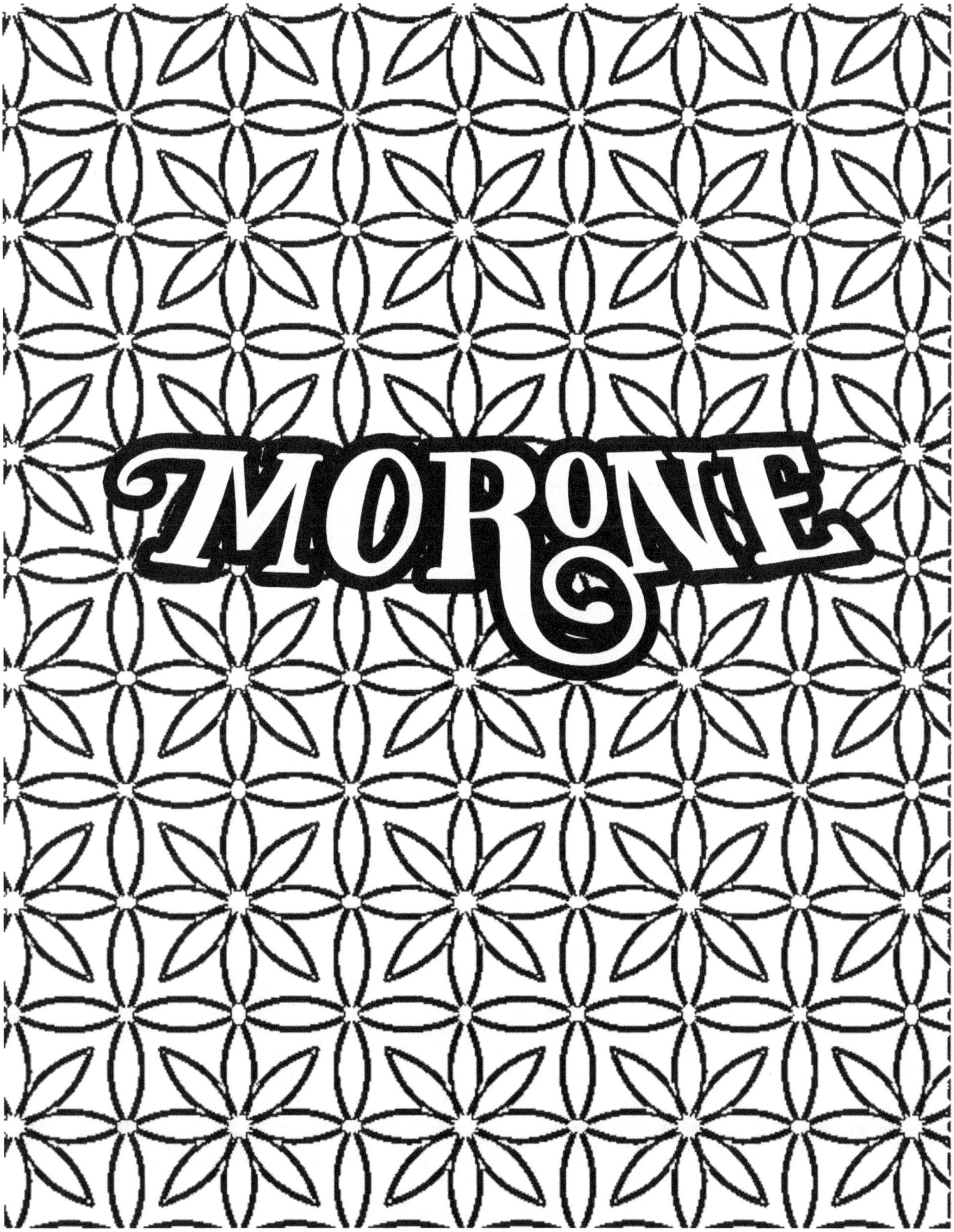
MORONE

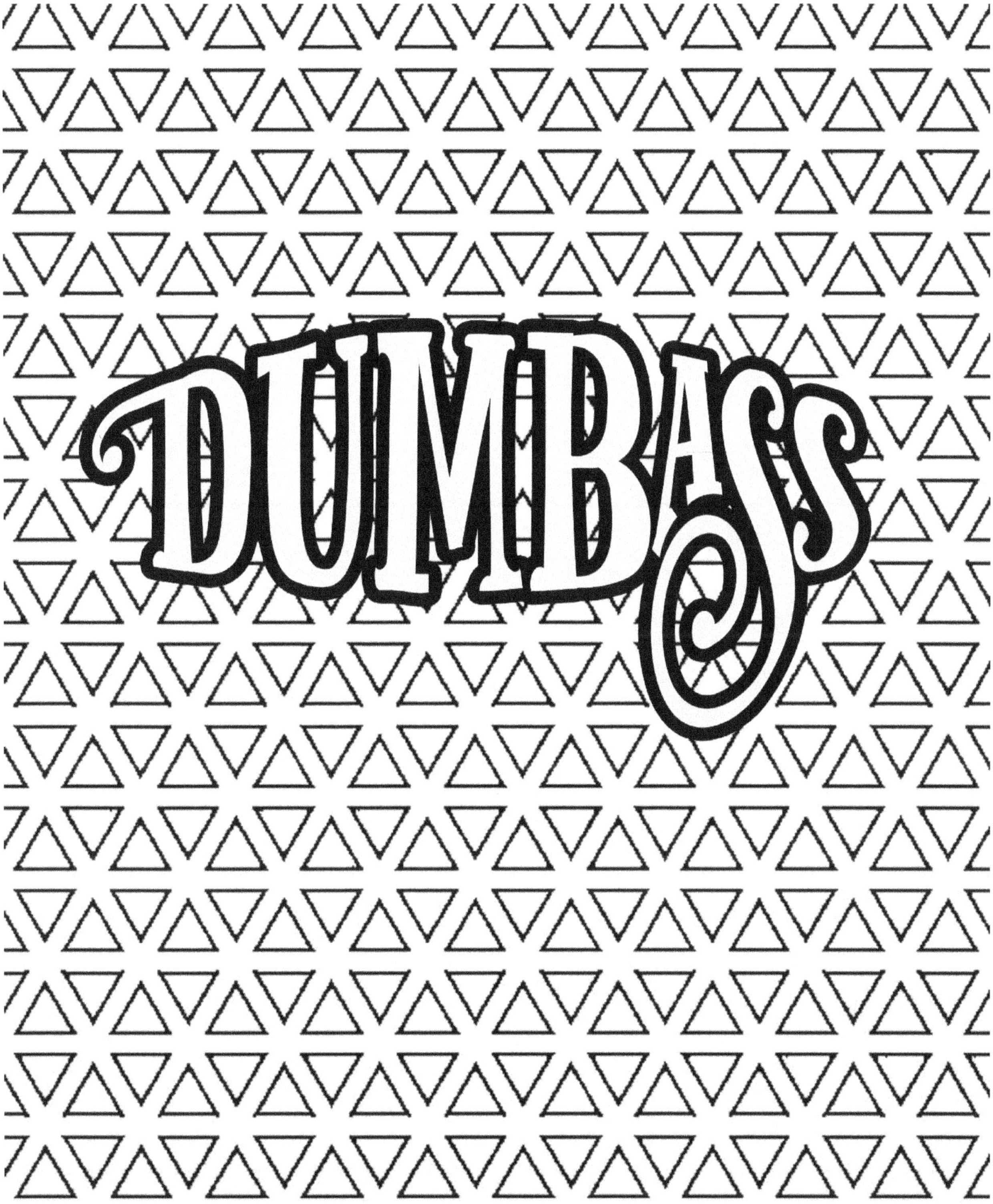
DUMBASS

IDIOT

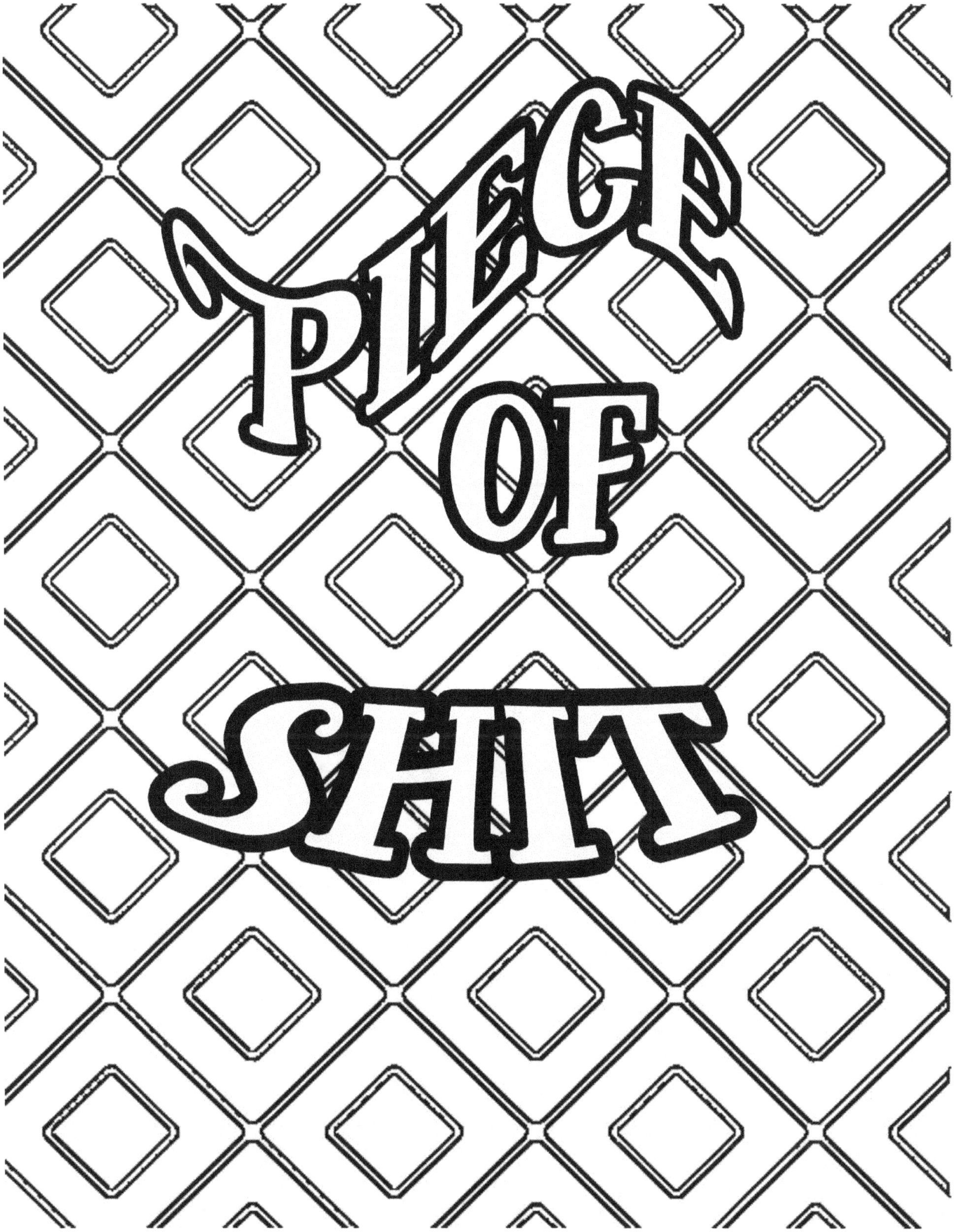
PIECE
OF
SHIT

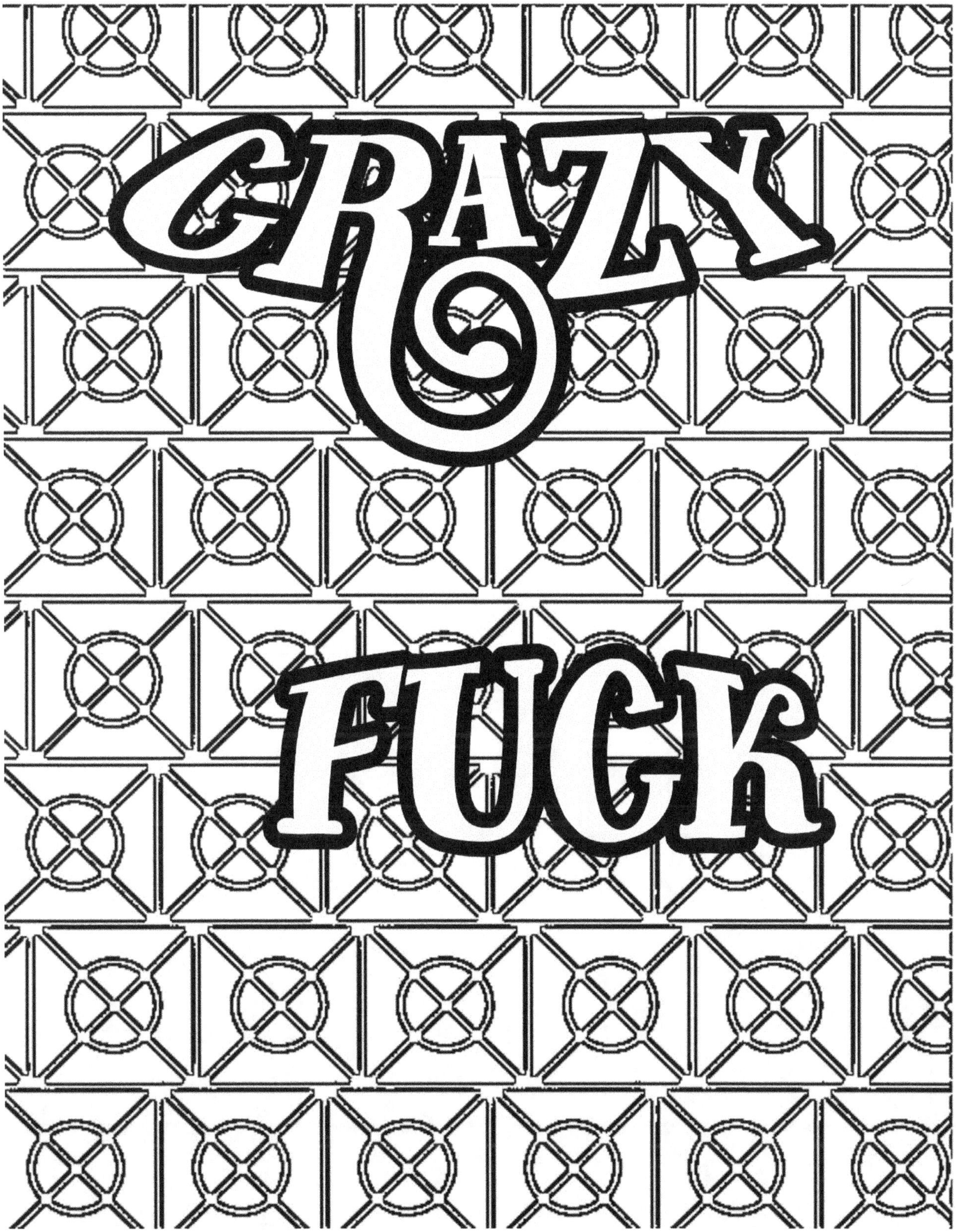
CRAZY
FUCK

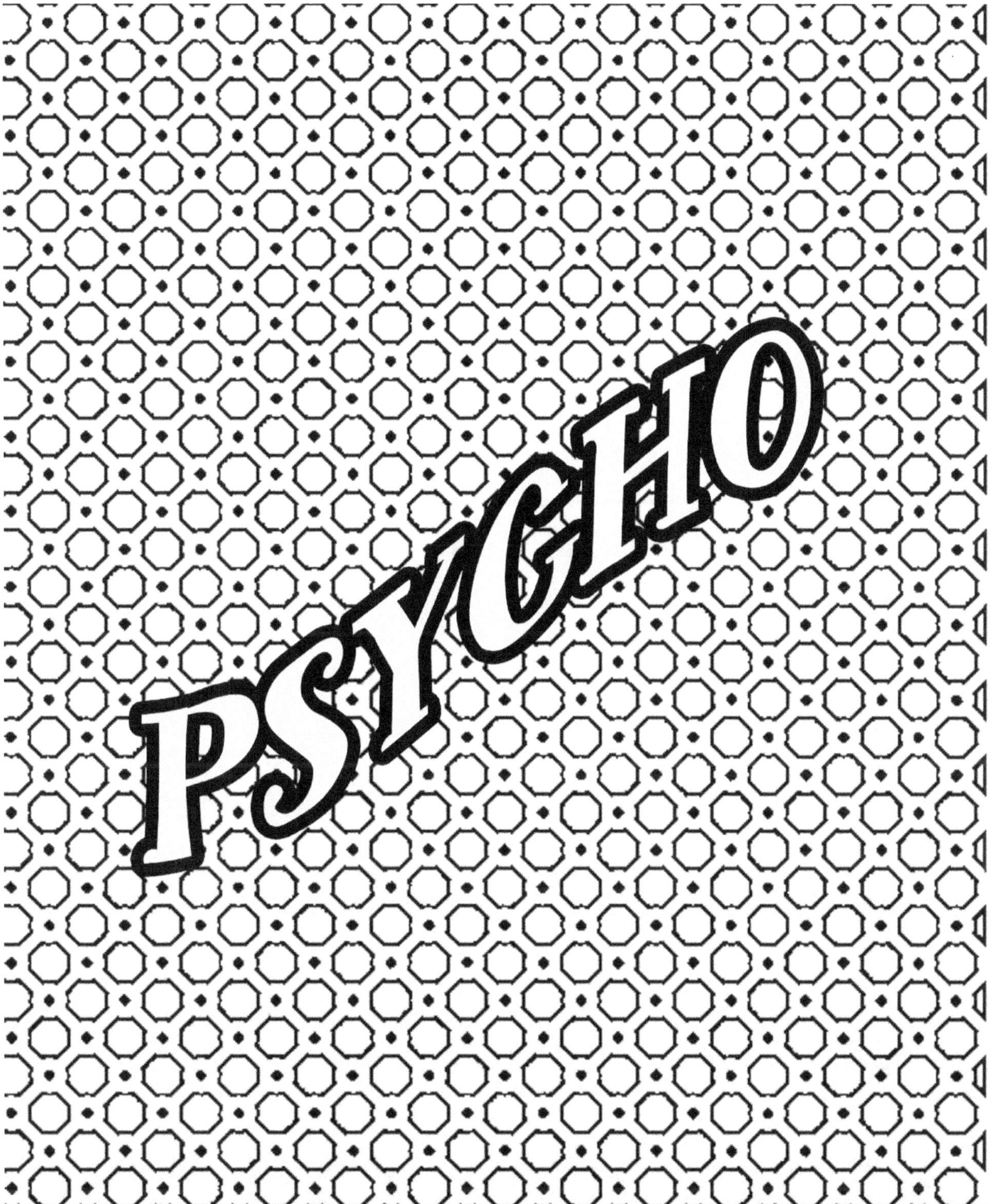
PSYCHO

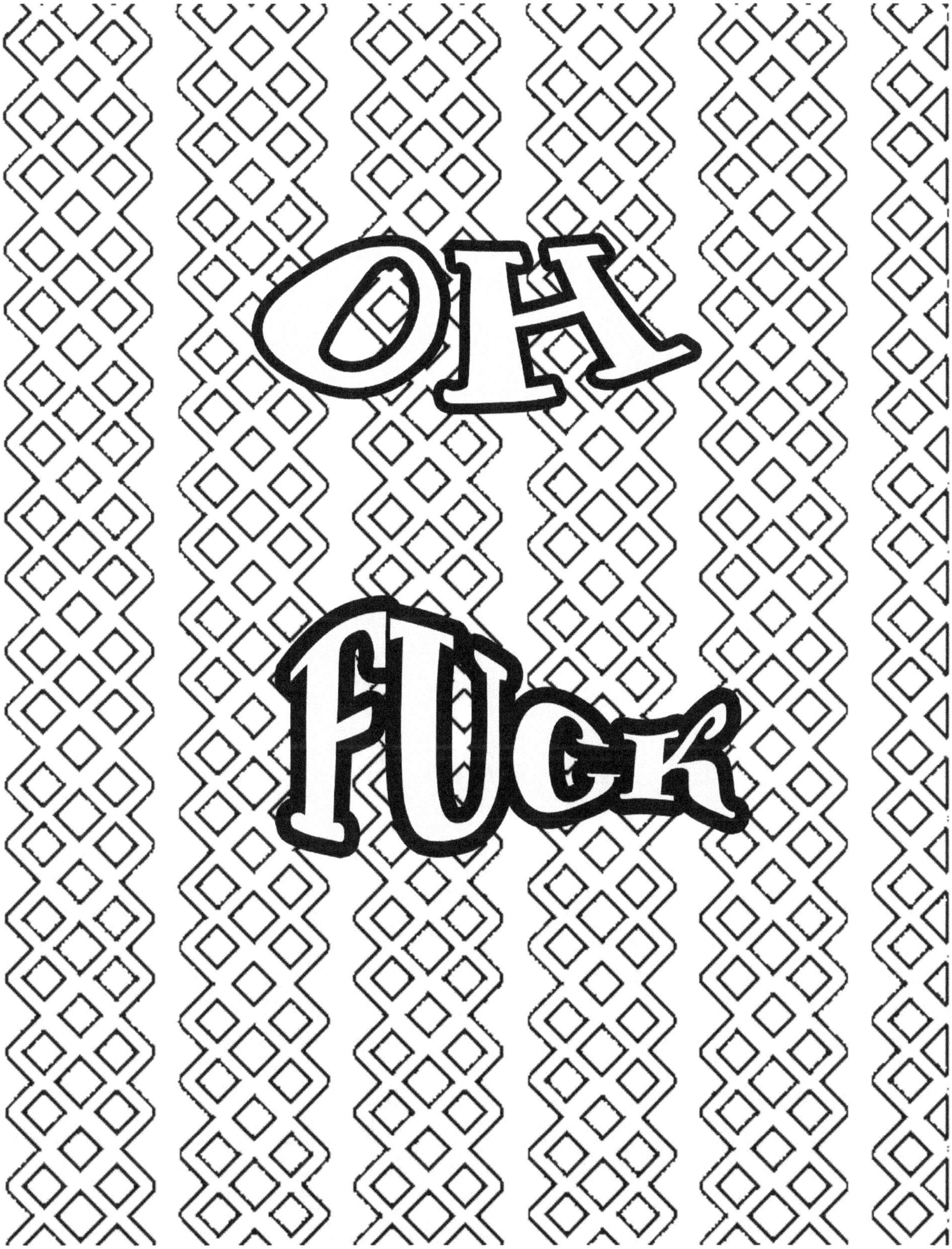
OH
FUCK

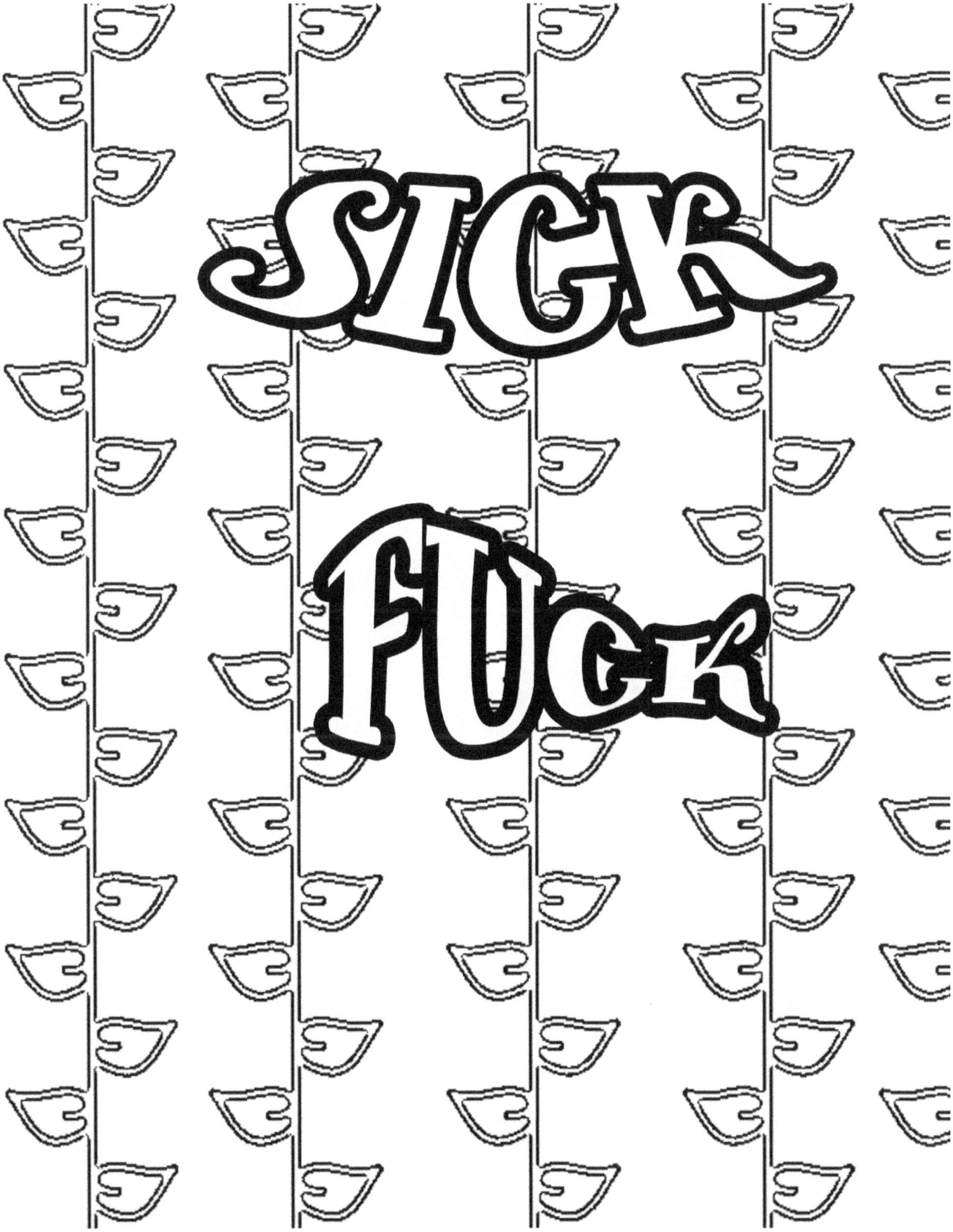
SICK
FUCK

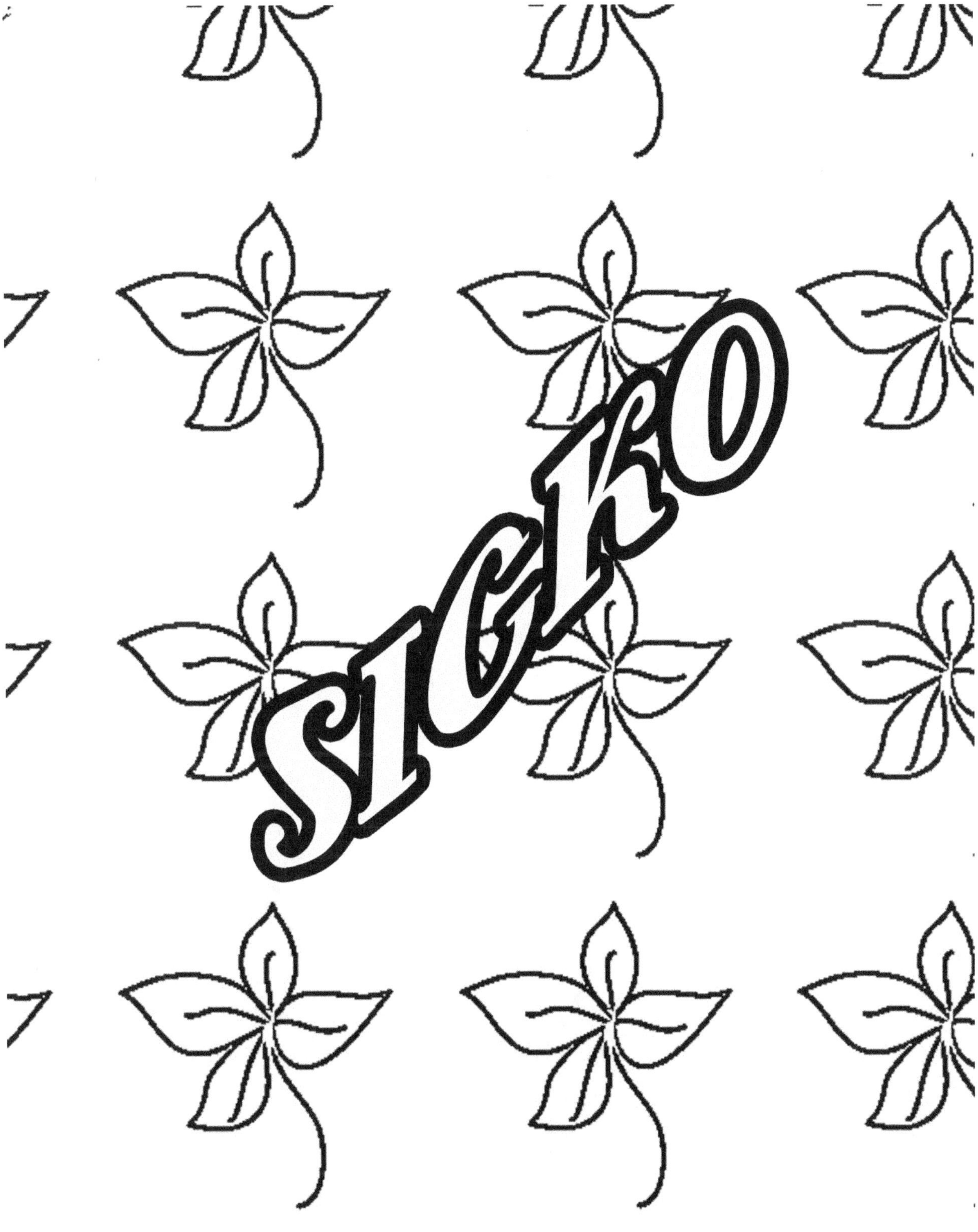
SIGKO

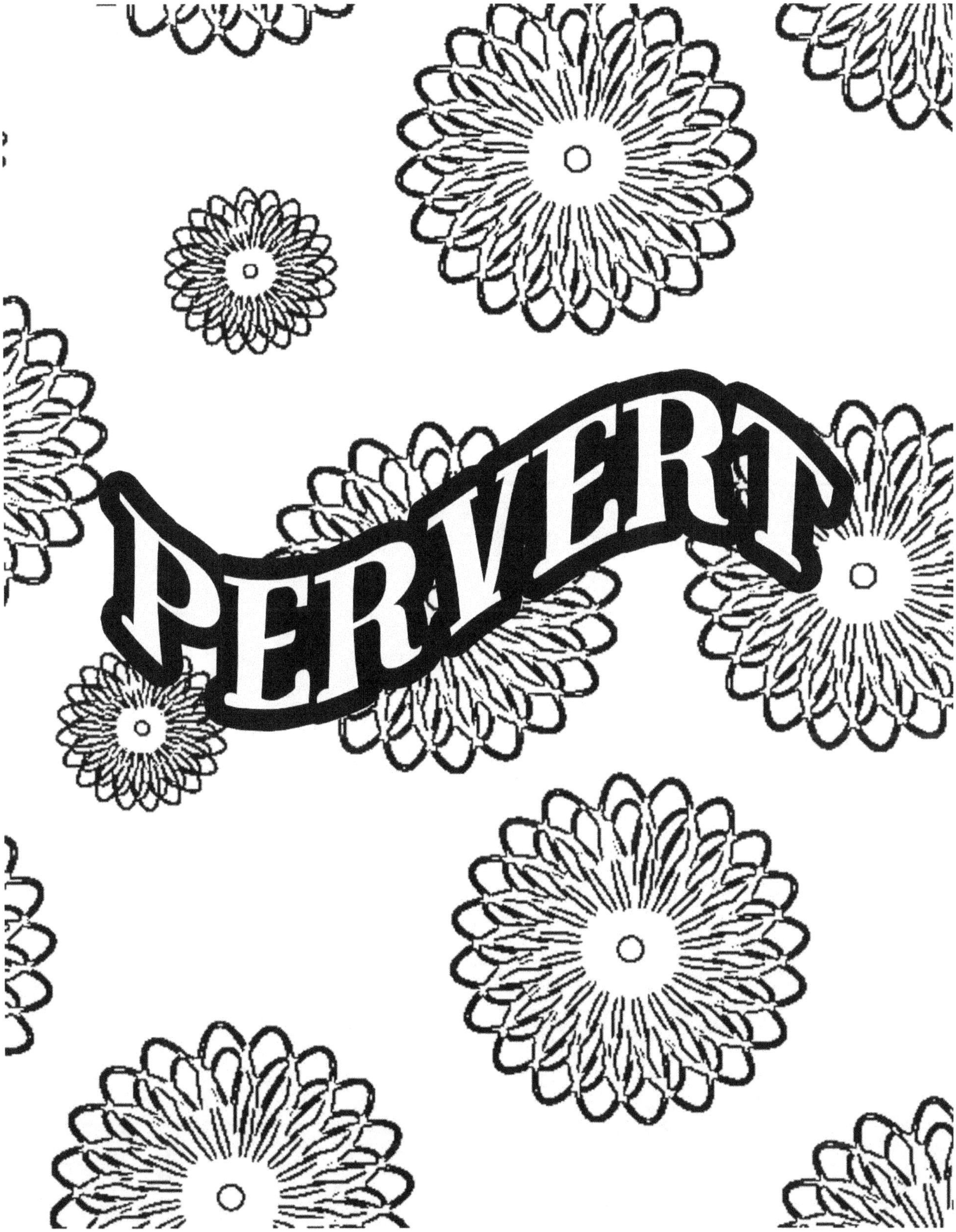
PERVERT

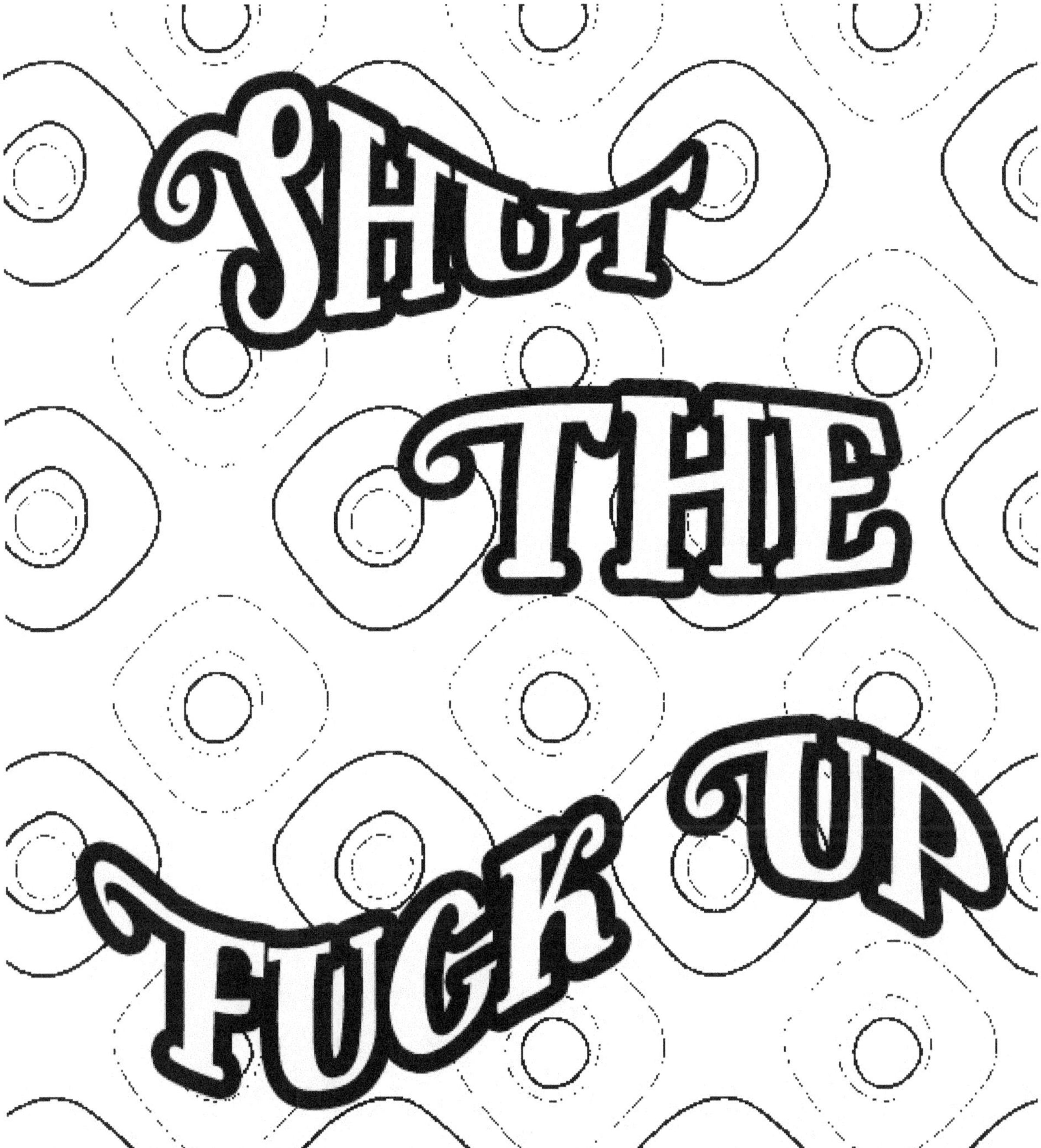
SHUT
THE
FUCK UP

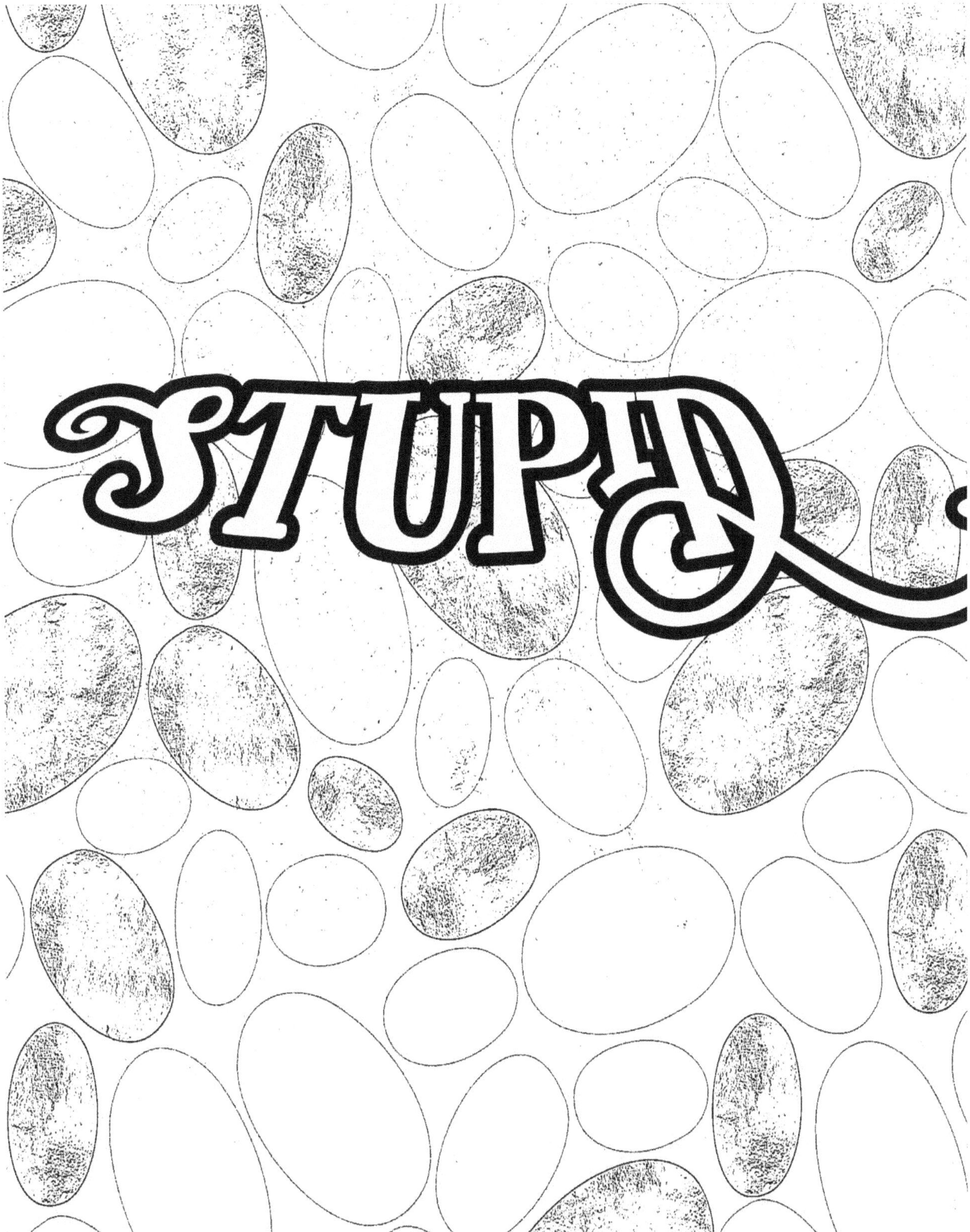
STUPID

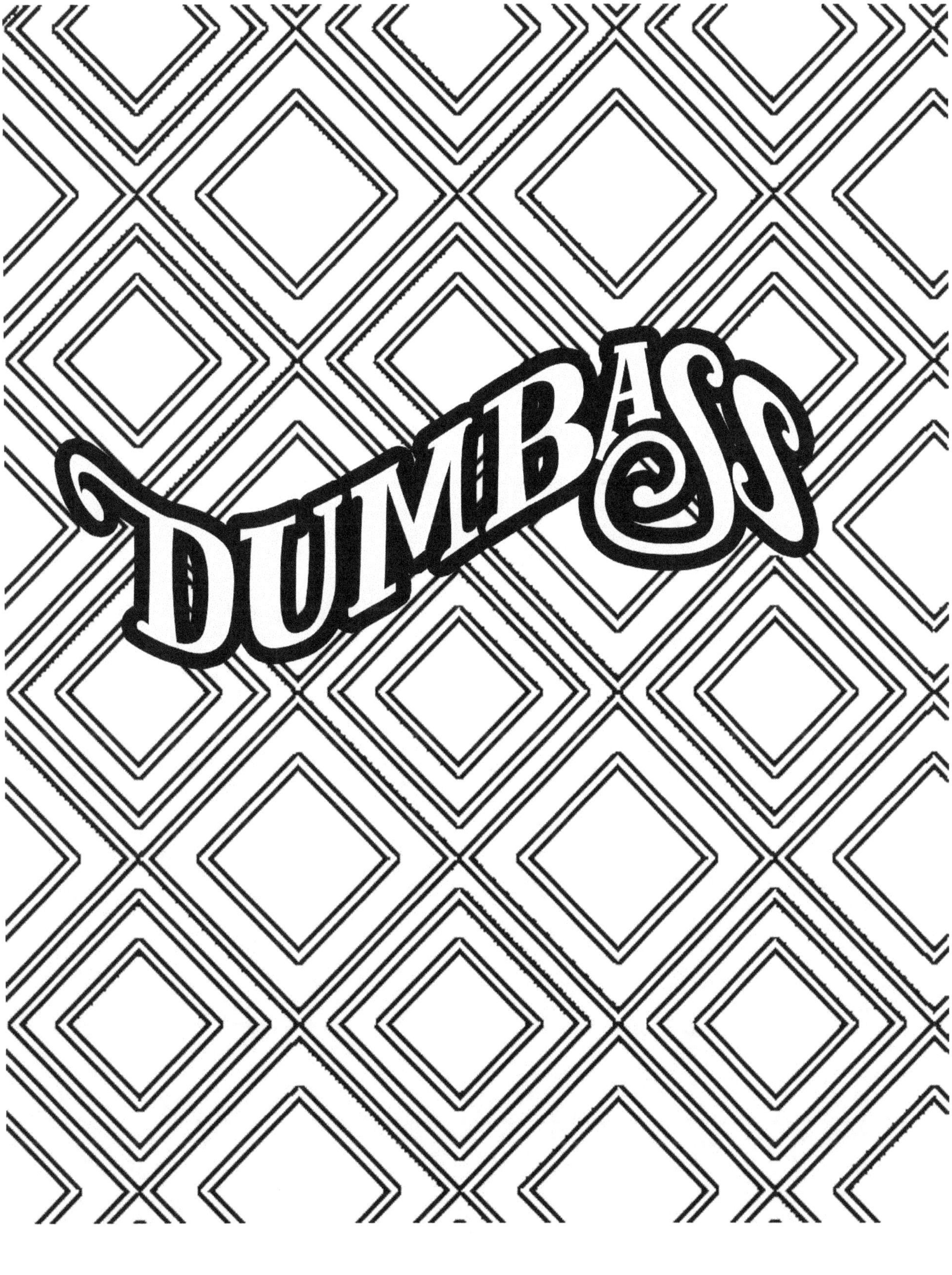
DUMBASS

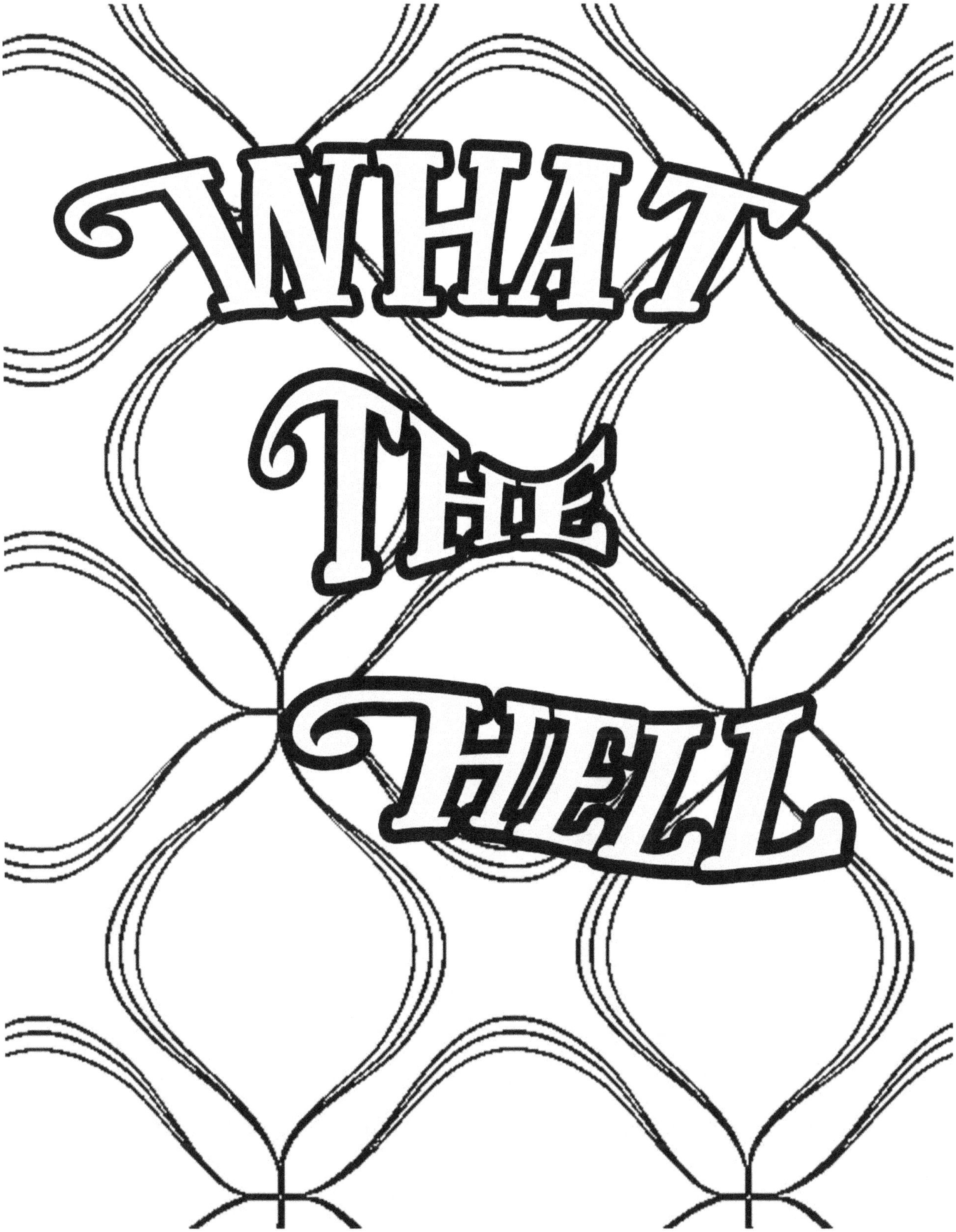
WHAT
THE
HELL

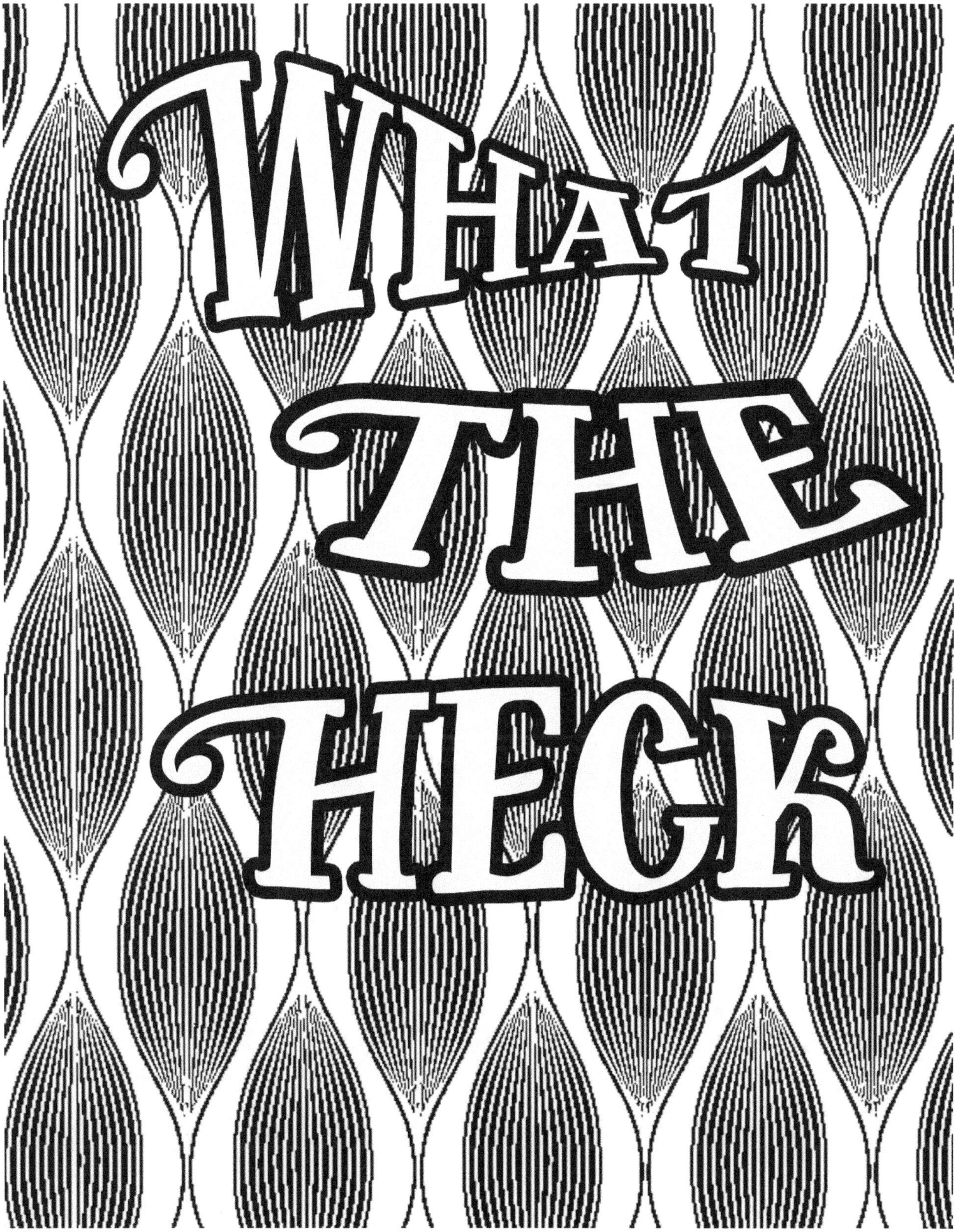
WHAT
THE
HECK

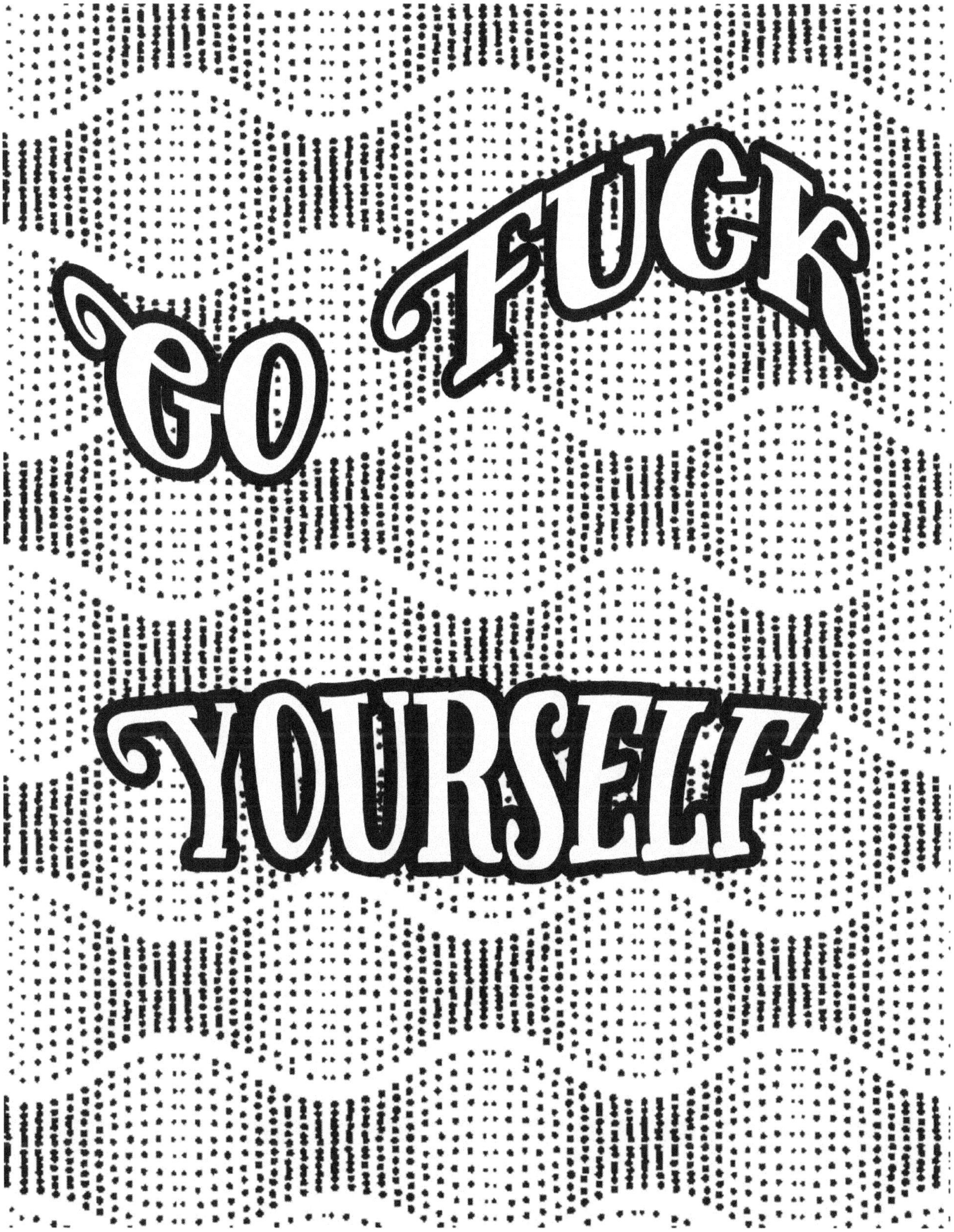
GO FUCK
YOURSELF

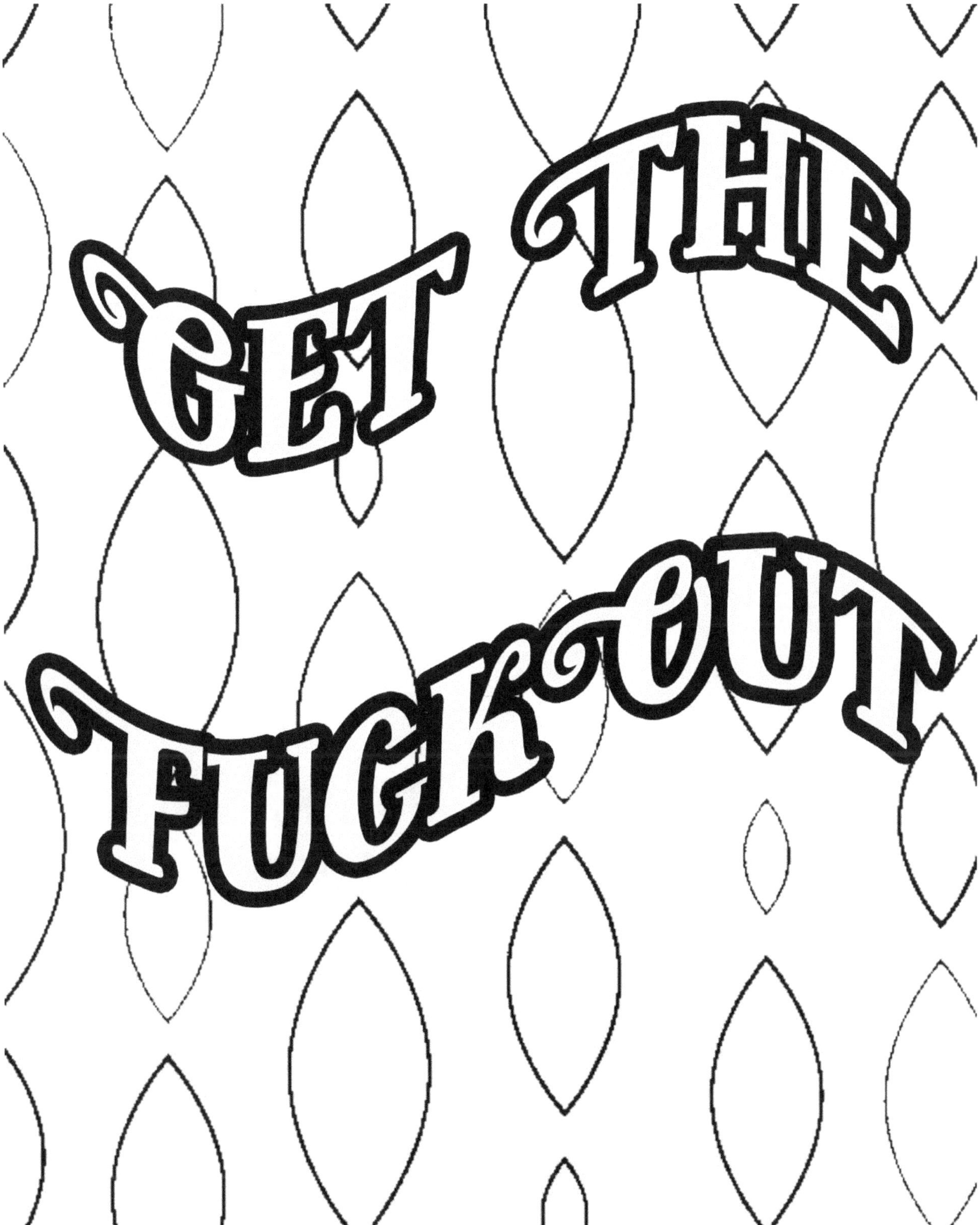
GET THE
FUCK OUT

Note